RÉPUBLIQUE FRANÇAISE.

MINISTÈRE DE LA GUERRE.

INSTRUCTION DU 30 JUIN 1900

SUR LES

COMMISSIONS DE GARE

(Extrait du *Bulletin officiel*, partie réglementaire, année 1900.)

PARIS

HENRI CHARLES-LAVAUZELLE

Éditeur militaire

10, Rue Danton, Boulevard Saint-Germain, 118

(MÊME MAISON A LIMOGES)

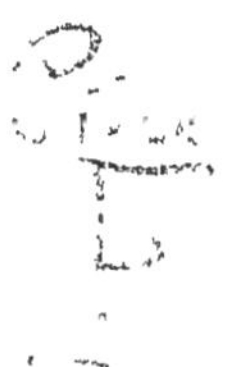

RÉPUBLIQUE FRANÇAISE.

MINISTÈRE DE LA GUERRE.

État-Major de l'Armée ; Bureau des Étapes, Chemins de fer, Transports, etc. — N° 29.

Instruction sur les Commissions de gare.

Document abrogé : *Appendice VII aux Règlements sur les transports militaires par chemins de fer du 25 avril 1890.*

Classement : *Volume n° 100 du recueil du* Bulletin officiel *refondu,* page 539.

Paris, le 30 juin 1900.

TABLE DES MATIÈRES

TITRE I

ORGANISATION.

TITRE II.

FONCTIONNEMENT.

TITRE III.

PRESCRIPTIONS RELATIVES AUX DIFFÉRENTS TRANSPORTS.

CHAPITRE I.

TRANSPORTS DE MOBILISATION.

CHAPITRE II.

TRANSPORTS DE CONCENTRATION.

Section I. — *Embarquement.*

Section II. — *Trains de passage.*

Section III. — *Débarquement.*

CHAPITRE III.

TRANSPORTS DE RAVITAILLEMENT ET D'ÉVACUATIONS.

CHAPITRE IV.

DISPOSITIONS GÉNÉRALES.

TITRE I.

ORGANISATION.

Constitution des commissions de gare.

Art. 1ᵉʳ. Une commission de gare comporte :

1° Un officier supérieur ou capitaine, commissaire militaire;

2° Le chef de gare, commissaire technique ;

3° Un ou plusieurs officiers supérieurs ou subalternes, commissaires militaires adjoints ;

4° Des sous-officiers ou caporaux, secrétaires et des soldats, plantons ;

5° Dans la plupart des cas, un poste fourni par un corps de troupe désigné par l'autorité territoriale.

Dans certaines gares (haltes-repas, gares de rassemblement, stations-magasins, gares régulatrices, têtes d'étapes de guerre, stations de transition, infirmeries de gare, points de répartition des malades et blessés), il existe, auprès de la commission de gare, un personnel d'officiers ou fonctionnaires et d'hommes de troupe appartenant à différents services (artillerie, génie, intendance, santé...), et dont la composition est fixée par des instructions ministérielles spéciales.

Lorsque le commissaire militaire fait défaut, le commissaire militaire adjoint le plus ancien, prend les fonctions de commissaire militaire.

En l'absence de tout officier, commissaire militaire ou commissaire militaire adjoint, le chef de gare, ou son suppléant, exerce à lui seul l'autorité dévolue à la commission de gare ; il a qualité pour notifier les consignes aux isolés et troupes de passage et pour donner des indications au chef du poste, s'il en est prévu un, en vue d'organiser le service d'ordre.

Toute commission de gare qui, 24 heures après le moment fixé pour son entrée en fonctions, n'a pas la composition prévue, informe, par télégramme, la commission ou sous-commission de réseau dont elle relève (art. 2), des éléments qui lui font défaut.

Autorités dont relèvent les commissions de gare.

Art. 2. Les commissions de gare, en ce qui concerne leur service spécial comme organes du service des chemins de fer, dépendent exclusivement de la commission ou sous-commission de réseau (1), ou de la commission de chemins de fer de campagne, sur le réseau de laquelle elles sont établies.

---

(1) Au nombre des sous-commissions du réseau sont : « les commissions régulatrices » (art. 23 du règlement sur les transports stratégiques par chemins de fer.

En ce qui concerne la police générale, le personnel militaire des commissions de gare relève de l'autorité territoriale, et, en ce qui concerne l'administration, du fonctionnaire de l'intendance dans le ressort duquel se trouve la gare.

Etablissement des commissions de gare.

Art. 3. Dès le temps de paix il est prévu :

1° Des commissions de gare dont le siège est fixé par le Ministre ; ces commissions sont permanentes ou temporaires (1) ; dans ce dernier cas, le Ministre fixe la durée de leur fonctionnement.

Dans chaque région de corps d'armée, le directeur de l'intendance et les commandants d'armes intéressés sont tenus au courant, par le commandant du corps d'armée, de l'état des commissions de gare prévues ; il appartient aux commandants d'armes de prévoir les mesures à prendre relativement à l'installation et au fonctionnement des commissions (art. 16) et au directeur de l'intendance de donner aux fonctionnaires sous ses ordres les instructions relatives à l'administration du personnel militaire qu'elles comportent (art. 18).

2° Des groupes d'officiers, dits *commissaires militaires de gares de débarquement* — avec les secrétaires et plantons correspondants (2) — destinés à constituer des commissions de débarquement dans des gares qui seront désignées en temps utile.

Au cours des opérations, de nouvelles commissions de gare pourront être créées :

Par le Ministre, sur le réseau de l'intérieur ;

Par le directeur des chemins de fer aux armées, sur le réseau des armées.

Dénominations des commissions de gare.

Art. 4. Suivant le rôle qui leur incombe dans l'exécution des différents transports, les commissions de gare sont dénommées : commissions de gare de : mobilisation (3), bifurcation, embarquement, halte-repas, débarquement, rassemblement, stations-magasins, gare régulatrice, têtes d'étapes de guerre, stations de transition, infirmeries de gare, points de répartition des malades et blessés.

Les commissions dont le siège est fixé dès le temps de paix, auront généralement à remplir plusieurs de ces rôles, soit

---

(1) Des officiers peuvent être temporairement adjoints à des commissions permanentes, par ordre du ministre.

(2) A raison de 2 secrétaires et 3 plantons pour 3 officiers.

(3) Quand elles desservent un centre de mobilisation.

simultanément, soit successivement; mais, dans une gare, il n'est jamais établi qu'une seule commission, chargée d'assurer tous les services.

La composition détaillée des différentes commissions est indiquée par le tableau A annexé à la présente instruction; elle peut être modifiée par le Ministre ou le directeur des chemins de fer aux armées.

Quand une commission de gare a plusieurs rôles à remplir, elle reçoit, sauf ordre contraire, la composition de la commission la plus importante.

Désignation du personnel des commissions de gare.

Art. 5. Le Ministre désigne, parmi les officiers du service des chemins de fer et des étapes :

1° Les commissaires militaires de gares de débarquement;

2° Les commissaires militaires et les commissaires militaires adjoints des commissions permanentes dont le siège est fixé dès le temps de paix;

3° Les commissaires militaires et commissaires militaires adjoints des haltes-repas, quelle que soit la durée de leurs fonctions.

Le commandant de corps d'armée désigne :

1° Les commissaires militaires et commissaires militaires adjoints des commissions temporaires dont le siège est fixé, dès le temps de paix à l'intérieur de la région, ainsi que les officiers adjoints temporairement aux commissions permanentes;

2° Les secrétaires et plantons de toutes les commissions, temporaires et permanentes, dont le siège est fixé dès le temps de paix à l'intérieur de la région.

3° Les secrétaires et plantons qui, d'après les ordres du Ministre, doivent être fournis par la région, pour être adjoints aux groupes des commissaires militaires de gares de débarquement.

Les officiers que désigne le commandant de corps d'armée sont choisis parmi :

Ceux du service des chemins de fer et des étapes laissés à la disposition de cet officier géneral;

Ceux des corps de troupe;

Ceux des services spéciaux du territoire.

---

(1) Pour tout ce qui concerne l'affectation, les convocations et l'inspection des officiers, consulter l'Instruction du 28 décembre 1898 sur l'administration des officiers de réserve et de l'armée territoriale.

Postes à établir auprès des commissions de gare.

Art. 6. D'après les ordres du Ministre, le poste sera fourni soit pour toute la durée du fonctionnement de la commission, par l'autorité territoriale, soit par les troupes de passage, pendant la durée de leur présence dans la gare.

Dans le premier cas, la composition du poste est fixée par le Ministre ou par le général commandant le corps d'armée, si le Ministre n'a pas statué sur ce point; le poste est alors placé sous l'autorité exclusive du commissaire militaire; toutefois, si cet officier n'a pas encore rejoint au moment de l'arrivée à la gare du poste désigné, le chef de poste assure, sous sa responsabilité, le service d'ordre, d'après les indications qu'il reçoit du chef de gare.

Si le poste prévu devient manifestement insuffisant, la commission de gare peut, en cas d'urgence, en demander directement le renforcement à l'autorité territoriale.

Dans le deuxième cas, le commandant de l'unité de transport est tenu de faire exécuter par le poste les consignes que lui communique le commissaire militaire.

Insigne des commissaires militaires et commissaires militaires adjoints.

Art. 7. Les officiers qui remplissent, tant à titre permanent qu'à titre temporaire, les fonctions de commissaire militaire ou commissaire militaire adjoint, doivent porter comme insigne distinctif un ruban blanc couvrant le turban du képi, au-dessous des galons de grade.

Dislocation des commissions temporaires.

Art. 8. Les officiers faisant partie des commissions temporaires dont le siège est fixé dès le temps de paix, rejoignent à la date indiquée pour la cessation des fonctions de ces commissions, soit les postes qui leur sont assignés par leurs lettres de service, soit, si aucun poste ne leur est assigné, leur domicile, où ils restent à la disposition de l'autorité militaire (1); les secrétaires et plantons de ces commissions rejoignent le dépôt de leur corps.

Les groupes de commissaires militaires de gares de débarquement, ainsi que les secrétaires et plantons qui leur sont adjoints, restent, après l'achèvement des débarquements, à la disposition du directeur des chemins de fer aux armées.

Documents destinés aux commissions de gare.

Art. 9. Pour chaque commission dont le siège est fixé dès le

---

(1) Ces prescriptions s'appliquent également aux officiers temporairement affectés aux commissions permanentes.

temps de paix, il est constitué un dossier comprenant les documents énumérés au tableau C annexé à la présente instruction ; ce dossier est conservé dans la gare où doit siéger la commission.

De plus, le chef de gare a, en tout temps, entre les mains une consigne spéciale de gare, comprenant un ou plusieurs documents, émanant de la commission de réseau. Cette consigne fait connaître les particularités de la gare, établit les règles relatives aux opérations d'embarquement, de débarquement, de halte-repas, etc., et spécifie les travaux d'aménagement à effectuer à la mobilisation.

Les commissions de gare dont le siège n'est pas fixé dès le temps de paix, reçoivent les documents qui leur sont nécessaires, de la commission ou sous-commission de réseau dont elles relèvent.

TITRE II.

FONCTIONNEMENT.

Attributions des commissions de gare.

Art. 10. Le rôle des commissions de gare consiste :

A faire exécuter, dans les conditions prescrites, les transports ordonnés ;

A maintenir l'ordre à l'intérieur et aux abords de la gare, en interdisant les cris, chants, manifestations, sifflets et musiques et en appliquant aux conditions locales les prescriptions et indications formulées au titre III de la présente instruction ;

A veiller à la stricte exécution des consignes et des ordres émanant des commissions de chemins de fer, dont relève la commission de gare.

Chaque commission de gare rend compte, à la commission ou sous-commission dont elle relève, des incidents qui sont de nature à déterminer son intervention ; elle lui adresse les demandes concernant le personnel, ainsi que les propositions qu'elle aurait à formuler ; suivant l'urgence, elle utilise pour cette correspondance les trains, ou le télégraphe, dont elle dispose conformément aux prescriptions du règlement sur les transports stratégiques par chemins de fer (art. 11).

La spécialisation des fonctions de chacun des membres de la commission doit être maintenue de la façon la plus absolue ; toutefois, les commissaires militaire et technique ne doivent pas perdre de vue que leur association a principalement pour but de concilier les exigences propres du service militaire avec celles du service des chemins de fer, et de subordonner les unes aux autres, suivant les circonstances.

Le commissaire militaire est commandant d'armes dans sa gare. Il est l'*intermédiaire obligé* entre les autorités militaires de passage ou en service dans la gare et le personnel des chemins de fer. Il est spécialement chargé de faire respecter les consignes militaires et techniques intéressant la gare ; les commandants de troupes et chefs de service, *quel que soit leur grade*, doivent lui prêter leur concours pour en assurer l'exécution ; le commissaire militaire ne doit pas d'ailleurs s'immiscer dans les questions purement techniques.

Le commissaire technique est seul responsable du mouvement des trains. Il a seul qualité pour donner des instructions aux agents du chemin de fer et surveiller l'exécution par eux des dispositions techniques relatives aux transports.

Installation de la commission de gare.

Art. 11. Le bureau du commissaire technique est celui du chef de gare. Le bureau du commissaire militaire est installé dans le local désigné à cet effet par la commission de réseau ou, à défaut de local désigné, dans un local choisi par la commission de gare. Il en est de même pour le poste, qui peut d'ailleurs, être déplacé suivant les besoins du moment.

Ecriteaux, affiches et transparents à apposer.

Art. 12. Les écriteaux, affiches et transparents destinés à faciliter les mouvements d'isolés à la mobilisation (art. 22) doivent être apposés dans le plus bref délai ; à cet effet, le matériel nécessaire est approvisionné dans la gare, en tout temps, et le chef de gare devra, autant que possible, assurer sa mise en place sans attendre la constitution de la commission de gare.

La commission fera apposer ultérieurement ceux qui seront nécessaires, lors des transports de concentration et d'évacuation, pour indiquer les feuillées, les locaux d'infirmerie, etc...

La commission devra, en outre, faire afficher à l'intérieur de la gare et à sa sortie du côté de la ville :

1° Un tableau indiquant la correspondance entre les numéros des jours de la mobilisation, d'une part, et les quantièmes et noms des jours du mois, d'autre part ;

2° La liste des adresses des bureaux et établissements énumérés ci-dessous et existant dans la localité :

Bureau du commandant d'armes ou d'étapes ;

Sous-intendance militaire ;

Bureau de recrutement ;

Hôpitaux et hospices ;

Mairie, commissariat de police, gendarmerie ;

Bureau du payeur ;

Manutention, parc à fourrages, magasins d'habillement, de campement, etc. ;

Poste et télégraphe ;

3° Tous les ordres ou avis des autorités, militaires ou civiles, que la commission serait requise de porter à la connaissance des troupes de passage et du public.

Service médical dans les gares. Cas de décès.

Art. 13. Dans les gares pourvues d'une infirmerie de gare, le service médical est assuré conformément aux prescriptions de l'instruction sur le fonctionnement des infirmeries de gare.

Dans les autres gares, les hommes, malades ou blessés, qui sont dans l'impossibilité de continuer leur route, sont reçus dans un local désigné par la commission de gare. Les premiers soins leur sont donnés :

Soit par un médecin (militaire ou civil) désigné à cet effet par le commandant d'armes (art. 16) ;

Soit, pour les hommes appartenant à une troupe transportée, par le médecin de cette troupe.

Suivant le résultat de la visite, ces hommes sont dirigés, soit sur leur corps ou son dépôt, soit sur l'hôpital le plus voisin (1). Le billet d'entrée à l'hôpital est établi, s'il y a lieu, par le médecin qui a passé la visite.

Tout décès survenant au cours des transports est constaté, suivant les circonstances, par l'un des médecins désignés ci-dessus et le commissaire militaire se conforme, pour les déclarations, envoi d'avis et opérations nécessaires en pareil cas, aux prescriptions du règlement sur le service de santé à l'intérieur.

Journal d'opérations.

Art. 14. Un journal d'opérations, tenu en commun par les deux commissaires, relate, par ordre chronologique, les divers incidents survenus, les divers ordres ou instructions reçus, la suite qui leur a été donnée, les trains formés et expédiés, reçus et déchargés, avec leur composition et l'indication des retards au départ et à l'arrivée. (Modèle B annexé à la présente instruction.)

Attributions spéciales du commissaire militaire.

Art. 15. Dès son arrivée à son poste, le commissaire militaire, s'il ne connaît pas préalablement la gare, fait avec le chef de gare la reconnaissance rapide des voies et locaux qui doivent être utilisés au cours de la première journée ; il com-

---

(1) Le commissaire militaire les fera accompagner, s'il y a lieu, et délivrera à cet effet les ordres de transport nécessaires.

plète cette reconnaissance, en vue des opérations ultérieures, après avoir organisé le service le plus urgent, et veille à ce que tout soit préparé en temps utile, pour que les transports s'exécutent conformément aux ordres donnés, aux consignes locales et aux prescriptions de la présente instruction (titre III).

Il répartit, s'il y a lieu, le service à assurer entre lui et son, ou ses adjoints, mais il reste toujours responsable de sa bonne exécution. Il fait en sorte qu'un officier, au moins, soit présent à l'arrivée et au départ de chaque train.

Il dirige l'administration du personnel militaire de la commission, conformément aux prescriptions de l'article 18 ci-dessous ; mais, dans les gares où il existe des détachements formés par des services particuliers (artillerie, génie, intendance, santé..., art. 1), il ne doit s'immiscer ni dans l'administration intérieure de ces détachements, ni dans la direction et l'exécution technique des services ; il transmet les ordres de transport et les renseignements qu'il reçoit aux chefs des différents services et prend, avec le chef de gare, toutes les dispositions pour assurer la formation, le chargement et le départ des trains.

Il délivre, sous sa responsabilité, des ordres de transport au personnel sous ses ordres, appelé à se déplacer pour le service de la commission de gare ; il contrôle ou fait contrôler, toutes les fois qu'il le juge utile, les ordres de transport dont sont munis les détachements et isolés venant s'embarquer à la gare, ainsi que ceux des isolés et détachements de passage.

Sur les sections où la voie est exposée aux tentatives de l'ennemi, le commissaire militaire fait connaître l'état de la ligne et les renseignements recueillis aux commandants des unités de passage, ces derniers se conforment alors aux prescriptions de l'article 33 du règlement sur les transports stratégiques par chemins de fer.

Dans les localités où il n'existe pas de commandants d'armes ou d'étapes, le commissaire militaire en assume les fonctions ; il relève, dans ce cas, au point de vue de ce service supplémentaire, de l'autorité territoriale ou d'étapes dont dépend la localité (1) ; il dispose d'un carnet d'ordres de réquisition et d'un carnet de reçus ; il règle avec la municipalité les questions relatives au logement et à l'alimentation du personnel de la commission de gare, au cantonnement des isolés et détachements de passage, et, s'il y a lieu, au service médical à assurer dans la gare (art. 16) ; de plus il distribue les *autori-*

---

(1) Les devoirs et attributions d'un commandant d'armes ou d'étapes sont réglés par le règlement sur le service des places et par l'instruction sur le service des étapes.

sations de départ aux hommes dépourvus de leur livret individuel.

Dans les localités où il n'y a ni commandant d'armes, ou d'étapes, ni fonctionnaire de l'intendance, le commissaire militaire exerce les fonctions de suppléant du sous-intendant militaire ; à ce titre, il doit :

1° Délivrer les ordres de transport avec bons de chemin de fer aux isolés et détachements qu'il a à mettre en route en qualité de commandant d'armes, ou d'étapes, ainsi qu'à ceux dont la mise en route lui est demandée par les commandants d'armes ou d'étapes voisins ;

2° Viser les bons des détachements ne comportant pas d'officier, qui logent ou cantonnent dans la localité.

Relations du commissaire militaire avec le commandant d'armes ou d'étapes.

Art. 16. Le jour de l'entrée en fonctions de la commission, le commissaire militaire, ou son suppléant, se rend chez le commandant d'armes, ou d'étapes, de la localité pour régler avec lui les points suivants :

1° Logement (1) du personnel de la commission et, s'il y a lieu, du personnel des chemins de fer ;

2° Mise en subsistance des hommes de troupe attachés à la commission, dans un corps de troupe de la garnison ;

3° Désignation de locaux voisins de la gare pour cantonner, s'il y a lieu, les isolés et détachements de passage (art. 22).

4° Fourniture de paille pour les locaux, situés tant à l'intérieur qu'à l'extérieur de la gare, où doivent stationner pendant la nuit les isolés et détachements de passage (2) (art. 22) ;

5° Désignation, si la gare ne comporte pas d'infirmerie

---

(1) Au moyen de fournitures des lits militaires installées dans les locaux de la gare ou, à défaut, de billets de logement pour des locaux voisins de la gare.

(2) « Les prestations indiquées à l'article 5 de la loi des réquisitions peuvent être exigées pour les catégories ci-après : corps, détachements et isolés faisant partie de l'armée active, de sa réserve et de l'armée territoriale, des services auxiliaires, etc.... Les prestations qui peuvent être demandées par voie de réquisition aux communes ou aux habitants pris isolément sont : le logement ou le cantonnement et la nourriture journalière des hommes et des animaux, les vivres, le chauffage, les fourrages et la paille de couchage..... Lorsque le cantonnement est requis, la paille de couchage est fournie dans chaque maison, par chaque famille, en raison de l'effectif cantonné et au taux ci-après : pour les troupes cantonnées pendant trois jours ou moins, 2 k. 500 de paille longue ou 3 k. 500 de paille courte dépiquée sous les pieds des chevaux.....

« Les habitants dépourvus de paille s'en procureront avec l'assistance de la municipalité qui doit prendre également les dispositions pour en munir les locaux inoccupés ou les bâtiments publics. » Avis aux communes concernant les prestations à fournir en exécution de la loi sur les réquisitions de gare, d'un médecin militaire ou civil que le commissaire militaire puisse faire appeler d'urgence, soit pour donner les soins nécessaires au personnel militaire de la gare, aux isolés ou aux troupes de passage qu'aucun médecin n'accompagne, soit pour constater les décès ;

6° Fermeture des établissements voisins de la gare, susceptibles d'être préjudiciables au maintien de l'ordre.

Quand, au cours des transports, un train n'a pu partir à l'heure indiquée, en raison de l'arrivée tardive de la troupe ou pour toute autre cause, le commandant d'armes ou d'étapes est avisé d'urgence de l'incident, si son intervention est nécessaire pour en régler les conséquences ou en empêcher le retour (art. 29).

Si la sécurité de la gare ou de la voie paraît menacée, le commissaire militaire peut adresser directement au commandant d'armes ou d'étapes, au nom de la commission de gare, une réquisition à l'effet d'obtenir les postes de protection nécessaires ou les escortes pour trains de matériel prévus par les articles 31 et 33 du règlement sur les transports stratégiques par chemins de fer.

Relations du commissaire militaire avec le service de garde des voies de communication.

Art. 17. Des postes spéciaux organisés par l'autorité territoriale et dépendant d'elle seule, sont chargés de la garde des voies ferrées ; il doit en être installé dans certaines gares.

Les commissaires militaires n'ont pas à s'immiscer dans le service de ces postes ; ils n'ont sur eux que l'autorité d'un commandant d'armes ; toutefois, ils peuvent requérir leur concours momentané pour assurer le maintien ou le rétablissement de l'ordre, mais sous la réserve de ne pas entraver l'exécution de leurs consignes spéciales.

Administration du personnel militaire des commissions de gare.

Art. 18. Les officiers de réserve et de l'armée territoriale, affectés aux commissions de gare, touchent leur solde et les indemnités auxquelles ils ont droit, suivant les règles applicables aux officiers de l'armée active.

Dans les villes de garnison et les localités où se trouvent des troupes d'étapes, les secrétaires et plantons (1) sont, sur la de-

---

du 3 juillet 1877. (Annexe de l'instruction du 22 août 1899, concernant les officiers d'approvisionnement, p. 129.)

En cas de mobilisation générale, les bâtiments des gares seront considérés, au point de vue de la fourniture de la paille de couchage, comme des bâtiments publics.

(1) Si ces hommes ont rejoint directement leur poste sans être ni habillés

mande du commissaire militaire, mis par le commandant d'armes en subsistance dans un corps de troupe.

A défaut de garnison ou de troupes d'étapes dans la localité desservie par la gare, si la gare comporte un détachement de commis et ouvriers militaires d'administration, les secrétaires et plantons y sont mis en subsistance par ordre du commissaire militaire.

A défaut de garnison, de troupes d'étapes ou de détachement de commis et ouvriers militaires d'administration où ils puissent être mis en subsistance, les secrétaires et plantons touchent l'indemnité journalière exceptionnelle (1); cette indemnité est touchée à la caisse publique la plus rapprochée contre remise de mandats établis par le fonctionnaire de l'intendance, d'après une demande que lui adresse le commissaire militaire; les mutations concernant les secrétaires et plantons sont portées à la connaissance du corps auquel ils appartiennent au moyen d'avis établis par le commissaire militaire.

Pour le règlement des questions d'ordre administratif, le commissaire militaire adresse, quand il y a lieu, des demandes de renseignement au fonctionnaire de l'intendance dans le ressort duquel se trouve la gare.

TITRE III.

PRESCRIPTIONS RELATIVES AUX DIFFÉRENTS TRANSPORTS.

CHAPITRE Ier.

TRANSPORTS DE MOBILISATION.

Importance et nature des transports de mobilisation.

Art. 19. Le premier soin des commissions de gare sera d'assurer la bonne exécution des transports de mobilisation.

Ces transports concernent :

Des isolés se rendant soit à leur lieu de mobilisation, soit au bureau de recrutement de leur subdivision;

Des détachements d'hommes et de chevaux.

La majeure partie des détachements sera formée de réservistes se rendant du bureau de recrutement à leurs lieux de

---

ni équipés, ils seront envoyés à leur corps pour toucher leurs effets, dès que cela sera possible, sans nuire au service de la commission de gare.

(1) En ce qui concerne les secrétaires et plantons des commissions de gare, qui ne sont ni gendarmes, ni sous-officiers rengagés ou commissionnés, cette indemnité est exclusive de toute autre prestation. (Règlement sur le service des frais de route, titre II, chapitre Ier.)

mobilisation respectifs; il conviendra d'appliquer à ces détachements les mêmes prescriptions qu'aux isolés.

Police des abords de la gare.

Art. 20. Les abords de la gare sont maintenus dégagés et leur accès est interdit à toute personne n'ayant pas qualité pour être transportée.

Les hommes descendus des trains à destination de la localité, sont, à leur sortie de la gare, groupés par corps, sous la direction du commissaire militaire et remis aux cadres de conduite envoyés par les corps; si, exceptionnellement, ces cadres font défaut, le commissaire militaire fait conduire les isolés à leur destination; il agit de même, dans la mesure du possible, à l'égard des hommes convoqués au bureau de recrutement.

Les appelés arrivant par voie de terre sont aussitôt répartis, d'après leur destination, entre les places de groupement (art. 22) correspondant aux différentes directions.

Police de l'intérieur de la gare.

Art. 21. Les hommes, arrivés par un train, et devant en attendre un autre pour continuer leur trajet, sont répartis le plus rapidement possible, d'après leur destination, entre les places de groupement (art. 22).

Les hommes stationnant dans la gare peuvent, entre les passages de train, sortir des places de groupement, isolément ou par petits groupes, pour se rendre aux latrines, au buffet ou aux cantines installées dans la gare (art. 23) mais ils doivent rentrer dans leurs places de groupement respectives avant l'arrivée de chaque train.

Dès que les trottoirs auront été dégagés par les hommes descendant du train, ceux qui doivent y monter seront amenés en ordre aux wagons où ils doivent prendre place; le commissaire militaire les enverra chercher, en temps utile, à leur place de groupement.

Aussi fréquemment que possible, le commissaire militaire contrôlera ou fera contrôler (art. 15) les titres en vertu desquels les hommes se déplacent; il rectifiera les erreurs de direction et livrera à la gendarmerie les individus suspects et les hommes qui semblent s'être écartés sciemment de l'itinéraire qu'ils devaient suivre.

Choix et installation des places de groupement.

Art. 22. Il doit y avoir, autant que possible, une place de groupement correspondant à chaque direction.

Les places de groupement doivent être choisies de telle façon qu'elles soient facilement accessibles du côté de l'intérieur et du côté de l'extérieur, et qu'elles puissent être facilement surveillées (1) ; pour les stationnements en plein jour, pendant la belle saison, elles pourront être installées en plein air ; mais, en toute autre circonstance, elles devront être abritées, pouvoir être éclairées, et, autant que possible, chauffées, si la saison le comporte. Leurs entrées seront indiquées par des écriteaux bien visibles (art. 12), et, si les hommes doivent y passer la nuit, leur sol sera garni de paille.

Si les places de groupement sont trop exiguës, le commissaire militaire fera conduire les hommes dans des locaux plus éloignés, jouant le rôle d'annexes des places de groupement, choisis, soit dans les bâtiments de la gare, soit dans des bâtiments publics ou privés désignés par le commandant d'armes ; dans ces annexes, le commissaire militaire établira un service de garde, et il enverra chercher en temps utile les hommes qui y séjourneront.

Alimentation des hommes dans certaines gares.

Art. 23. Il peut y avoir lieu de permettre aux hommes ayant de longs trajets à effectuer (2) d'acheter les aliments pendant leur stationnement dans certaines gares ; il appartient à la commission de réseau, lorsqu'elle le juge utile, de prévoir les mesures nécessaires à cet effet (organisation de buffet, installation de cantines, etc...) et à la commission de gare d'en assurer l'exécution, en se conformant aux indications de la consigne de gare et en recourant, s'il est nécessaire, à la réquisition.

Dans les gares où aucune disposition n'est prévue, la commission de gare prendra l'initiative de mesures analogues, si, pour une cause quelconque, des hommes ont à y faire un stationnement de longue durée.

Afin de prévenir les cas d'ivresse, le commissaire militaire devra régler la consommation des boissons hygiéniques (vin, bière, cidre) et interdire celle des boissons alcooliques.

Initiative à prendre par les commissions de gare pour réduire la durée du stationnement des isolés dans les gares.

Art. 24. Les commissions de gare ne perdront pas de vue qu'il y a le plus grand intérêt, sous tous les rapports, à hâter l'arrivée des hommes à destination ; il leur appartiendra de prendre toutes les mesures susceptibles d'amener ce résultat,

---

(1) Les salles d'attente, de distribution de billets, de livraison des bagages, se prêtent particulièrement bien à ce rôle ; si leur emploi est prévu pour l'installation d'une infirmerie de gare, elles peuvent néanmmoins servir de places de groupement pendant la période de mobilisation, au cours de laquelle les services de l'infirmerie n'exigeront qu'une place très restreinte.
(2) Tout homme doit emporter des vivres pour 24 heures.

sans nuire toutefois à l'exécution des transports telle qu'elle a été prévue.

Si, accidentellement, il se produisait dans une gare une accumulation d'hommes que le service prévu ne permît pas de réexpédier à bref délai, la commission de gare adresserait, d'urgence, une demande de train complémentaire, (facultatif ou spécial) à l'autorité qualifiée pour mettre en marche les trains de cette nature; mention de cette autorité doit être faite dans les instructions techniques.

CHAPITRE II.

TRANSPORTS DE CONCENTRATION (1).

SECTION I.

EMBARQUEMENT.

Opérations préliminaires.

Art. 25. La commission de gare doit faire débarrasser, avant le moment fixé pour le commencement des embarquements, les halles, quais et chantiers dont l'utilisation est prévue, ainsi que ceux dont l'utilisation n'est pas normalement prévue, mais qui pourraient suppléer les précédents en cas d'accident.

Elle doit de même faire exécuter les travaux d'aménagement prescrits par la consigne spéciale de gare et ceux non prévus qui lui paraîtraient nécessaires.

Elle déterminera le point d'embarquement à affecter à chaque élément, si cette affectation n'a pas été faite par la commission de réseau, ou si les circonstances obligent à modifier les prévisions de cette commission.

Rapports du commissaire militaire avec les chefs de corps.

Art. 26. Vingt-quatre heures (2) au moins avant le moment où doit commencer l'embarquement des unités d'un corps de troupe, le chef de corps envoie un officier à la gare, pour donner au commissaire militaire les effectifs exacts des éléments à embarquer dans la journée du lendemain et pour recevoir communication :

1° Pour chacun de ces éléments :

---

(1) Les prescriptions énoncées dans ce chapitre s'appliquent au transport des unités constituées, quelle que soit leur destination.
(2) Ce délai ne peut être réduit qu'en cas de nécessité absolue.

Du point d'embarquement prévu (quai ou chantier);

De l'heure à partir de laquelle la reconnaissance du train pourra être faite;

De l'heure à laquelle l'embarquement commencera;

De l'heure à laquelle il devra être achevé;

2° Des consignes locales.

Si un incident oblige la commission de gare à changer, postérieurement à cette communication, les conditions prévues pour un ou plusieurs embarquements, le commissaire militaire en préviendra le chef de corps en temps utile.

Si l'enlèvement des unités d'un régiment dure plusieurs jours, chaque jour un officier viendra chercher les renseignements relatifs aux embarquements du lendemain.

Mesures préparatoires à l'embarquement.

Art. 27. La commission de gare doit, avant l'arrivée de la troupe, faire disposer, sur les quais et chantiers, les agrès nécessaires à l'embarquement : ponts-volants, rampes mobiles, poulies, cales, prolonges, etc., et veiller, en cas d'embarquement de nuit, à ce que l'éclairage soit assuré.

Le commissaire militaire s'assure :

1° Que, dans les wagons à marchandises aménagés pour le transport des hommes, afin de permettre le placement des sacs et des armes, on a bien placé à $0^m,50$ des petits côtés des wagons :

Dans les wagons à 32 places, les supports de bancs voisins desdits petits côtés;

Dans les wagons à 36 places, les mêmes supports de bancs, ainsi que les extrémités des bancs du milieu et de la planche servant de dossier.

Dans les wagons à 40 places, les extrémités de tous les bancs.

2° Que les wagons destinés aux hommes et aux chevaux sont tous munis de lanternes, prêtes à fonctionner, et accrochées au côté du wagon opposé à celui par lequel doit se faire l'embarquement.

Le commissaire militaire signale les irrégularités constatées au commissaire technique, qui les fait rectifier. Il fait connaître à l'officier envoyé à l'avance à la gare, puis au commandant de l'unité de transport, à son arrivée, les chemins d'accès, les mesures d'ordre à prendre et les consignes spéciales à la gare.

Exécution de l'embarquement.

Art. 28. Le commissaire militaire ne doit jamais intervenir auprès des sous-ordres ou des hommes de troupe; toutefois, il ne doit pas hésiter à donner au commandant de l'unité de transport, telles indications qu'il jugera utiles pour assurer l'achèvement de l'embarquement dans les délais prévus ; le commandant de cette unité, quel que soit son grade, est tenu d'y déférer. Avant le départ, le commissaire militaire passe une inspection rapide du train avec le commandant de l'unité, le chef ou un sous-chef de gare et le chef de train.

Arrivée tardive d'une troupe à la gare ; retards au départ.

Art. 29. Lorsqu'une unité de transport arrive tardivement à la gare, la commission de gare prend les dispositions propres à hâter le plus possible son embarquement. Si le train ne peut partir à l'heure fixée, la commission le met en marche, dès que la chose est possible ; si le départ ne peut s'effectuer dans le délai prévu par les règlements et ordres de service, la commission de gare demande d'urgence des instructions à la commission de réseau (art. 13 du règlement sur les transports stratégiques par chemins de fer).

La commission de gare opère de même, si le retard provient d'un incident survenu au cours de l'embarquement.

Le commandant d'armes est avisé d'urgence, s'il y a lieu, comme il est prescrit à l'article 16.

Composition des trains de concentration.

Art. 30. Les trains de concentration ne doivent, en aucun cas, avoir plus de 50 véhicules, fourgons compris.

Pour chacun de ces trains, la commission de réseau fixe le nombre des wagons de chaque catégorie ; la commission de gare ne peut modifier les nombres ainsi fixés, qu'exceptionnellement, dans les cas indiqués ci-dessous, et sous la réserve expresse que ces modifications puissent se faire sans retarder le départ du train.

Le nombre des wagons peut être réduit, si ceux dont la gare dispose ont une capacité plus grande que ceux dont l'emploi avait été prévu, ou si l'effectif à transporter, communiqué par l'officier envoyé à l'avance à la gare (art. 26), se trouve inférieur aux prévisions ; il peut être augmenté, si la gare dispose de ressources suffisantes, pour parer à une modification d'effectif non communiquée au service des chemins de fer.

Dans cette dernière éventualité, s'il n'est pas possible d'ajouter les wagons nécessaires, les hommes en surplus seront répartis, par le commandant de l'unité de transport, entre les voitures du train, y compris les fourgons de service ; des wagons aménagés pour les hommes pourront de plus être utilisés, s'il est nécessaire, pour le transport des chevaux.

SECTION II.

TRAINS DE PASSAGE.

Prescriptions communes à toutes les commissions de gare.

Art. 31. A l'arrivée de tout train ayant un arrêt prévu dans la gare, le commissaire militaire, ou son suppléant, fait connaître immédiatement au commandant de l'unité de transport la durée présumée de l'arrêt. Si cette durée est inférieure à 10 minutes, on ne doit laisser descendre les hommes que par mesure exceptionnelle. En toute circonstance, les hommes doivent remonter en wagon trois minutes avant le départ.

Quelle que soit d'ailleurs l'heure primitivement indiquée pour le départ, le commandant de l'unité de transport est tenu de déférer à toute demande du commissaire militaire, ou, à son défaut, du chef de gare, en vue de faire remonter les hommes en wagon à un moment quelconque.

Les commandants d'unités de transport, quel que soit leur grade, sont tenus de faire observer toutes les consignes, même verbales, qui leur sont communiquées par le commissaire militaire (1). Ce dernier adresse aux commandants des unités les observations qu'il a à formuler, en s'abstenant d'intervenir directement auprès de la troupe (art. 10.)

Prescriptions spéciales pour les haltes-repas.

Art. 32. Le fonctionnement des stations haltes-repas est réglé par une instruction ministérielle spéciale; le commissaire militaire de ces stations est chargé d'en faire exécuter les prescriptions. L'indication de l'effectif exact à alimenter est télégraphiée pour chaque train, à la commission de gare de la halte-repas, par la commission de gare d'une gare de passage désignée à cet effet, dès le temps de paix, par les soins de la commission de réseau (2).

Dons faits à la troupe.

Art. 33. Sous aucun prétexte les vivres, boissons, etc., qui pourraient être apportés, pour les militaires de passage, par les habitants de la localité ne doivent être distribués directement à la troupe par les donateurs ou leurs délégués. Ces denrées sont livrées au commissaire militaire, qui les remet aux

---

(1) Article 9 du règlement sur les transports stratégiques par chemins de fer.

(2) Article 2 de l'instruction sur l'alimentation pendant les transports en chemins de fer, et sur l'organisation et le fonctionnement des stations haltes-repas.

commandants d'unités ; ces derniers ne les distribuent qu'autant qu'il n'en peut résulter aucun inconvénient pour la discipline et le service des chemins de fer.

Les dons en argent ne peuvent être acceptés en aucun cas.

Retards en cours de route.

Art. 34. Les trains qui subissent un retard en cours de route ne doivent jamais être retenus dans une gare de passage ou de bifurcation ; chacun d'eux est expédié dans les conditions techniques réglementaires derrière le train après lequel il se présente (art. 13 du règlement sur les transports stratégiques par chemins de fer).

Changement d'itinéraire en cours de route.

Art. 35. Lorsqu'en cours de route, la destination ou l'itinéraire primitivement assignés à un train, sont modifiés, le commandant de l'unité de transport en est informé le plus tôt possible par un commissaire militaire ou un chef de gare.

Les documents qui sont entre les mains du commandant de l'unité et du chef de train sont alors modifiés en conséquence.

SECTION III.

DÉBARQUEMENT.

Mesures préparatoires au débarquement.

Art. 36. Dès son entrée en fonctions, la commission de gare de débarquement doit faire débarrasser les halles, quais et chantiers susceptibles d'être utilisés pour débarquer les troupes. Elle doit faire procéder aux travaux prévus par les consignes locales, ainsi qu'à ceux non prévus qui lui paraîtraient utiles. Elle doit enfin, avant l'arrivée du premier train, faire disposer, sur les quais et chantiers, les agrès nécessaires au débarquement : ponts-volants, rampes mobiles, poulies, etc., et veiller, en cas de débarquement de nuit, à ce que l'éclairage soit assuré dans les meilleures conditions possibles.

Exécution du débarquement.

Art. 37. A l'arrivée du train, le commissaire militaire renseigne le commandant de l'unité de transport sur les conditions dans lesquelles le débarquement doit s'effectuer, sur les consignes locales, sur les issues de la gare ou du quai, et autant que possible, sur le point situé à l'extérieur de la gare où l'unité pourra se reformer.

Le devoir commun du commissaire militaire et du commandant de l'unité est de faire, le plus rapidement possible :

1° Opérer le débarquement ;

2° Évacuer entièrement la gare ou le quai ;

3° Reformer le train vide, s'il a été nécessaire de le couper en deux ou plusieurs tronçons.

A cet effet, le commandant de la troupe, quel que soit son grade, est tenu de déférer aux observations du commissaire militaire et, en cas d'utilisation d'un chantier de fortune et d'insuffisance du personnel du chemin de fer, de fournir, en sus des équipes de débarquement proprement dites, toutes *équipes supplémentaires* nécessaires pour aider aux mouvements de wagons et manœuvres de gare. Le commissaire militaire est chargé de diriger ces équipes supplémentaires, mais doit s'abstenir d'intervenir auprès des sous-ordres en ce qui concerne le débarquement proprement dit.

Afin de diminuer l'encombrement, les différentes fractions de l'unité peuvent être, au fur et à mesure de leur débarquement, dirigées sur le point où doit se reformer la troupe.

Avant son départ, le commandant de l'unité de transport doit faire remettre au commissaire militaire les agrès et accessoires utilisés pour le transport et le débarquement.

Les agrès appartenant aux compagnies de chemins de fer (cales de roues, prolonges, garrots, etc.), sont réexpédiés avec le train de matériel vide en retour ; les accessoires apportés par l'unité de transport (cales et manches de cale, jarretières, leviers, bouts de madriers) sont, à moins d'instructions contraires, réexpédiés dans les mêmes conditions.

Chevaux et matériel laissés par les troupes débarquées.

Art. 38. Si une troupe débarquée est dans l'impossibilité d'emmener avec elle, soit des chevaux blessés, soit des voitures brisées ou sans attelages, le commandant de l'unité est tenu de les faire conduire sans retard, sur l'indication du commissaire militaire, dans des locaux requis à cet effet par le commandant d'armes qui en assurera la subsistance et la garde. La troupe ne doit pas se rendre à son cantonnement avant d'avoir débarrassé complètement la gare ou le quai.

Poste des gares de débarquement et équipes auxiliaires, pour les débarquements de matériel.

Art. 39. En principe, le poste est fourni, dans les gares de débarquement, par la troupe qui débarque. Toutefois, s'il se trouve dans la localité une troupe d'étapes, le commissaire militaire peut demander un poste permanent au commandant d'étapes, qui apprécie s'il doit déférer à cette demande.

Le commandant d'étapes est, au contraire, tenu de déférer, à moins d'impossibilité, aux demandes d'équipes auxiliaires pour aider aux déchargements de matériel ; ces demandes lui sont adressées par le commissaire militaire, si le matériel n'est pas accompagné d'un effectif suffisant pour en assurer le débarquement en temps utile.

Retard au débarquement.

Art. 40. Si, par suite d'un accident ou incident quelconque, le débarquement d'un train n'est pas achevé lors de l'arrivée du train qui doit être débarqué après lui, ce dernier est garé. Si la gare ne possède pas de voie de garage, le train est dirigé sur le garage disponible le plus voisin et la commission de gare en avise aussitôt, par télégramme, la commission ou sous-commission dont elle relève ; dans le cas où la gare possède une voie de garage, la commission de gare informe de même, la commission ou sous-commission dont elle relève, mais seulement si le retard peut avoir sa répercussion sur le débarquement de plus d'un train.

CHAPITRE III.

TRANSPORTS DE RAVITAILLEMENT ET D'ÉVACUATIONS.

Commissions de gare participant aux transports de ravitaillement
et d'évacuations.

Art. 41. Les commissions de gare participant aux transports de ravitaillement et d'évacuations sont celles :

1° Des haltes-repas ; leur fonctionnement est réglé par l'instruction sur l'alimentation pendant les transports en chemins de fer et sur l'organisation et le fonctionnement des stations haltes-repas ;

2° Des gares de rassemblement ; leur fonctionnement est réglé par le règlement sur les transports stratégiques par chemins de fer (art. 35, 36 et 43) et par l'instruction spéciale relative au service dans ces gares ;

3° Des stations-magasins ; leur fonctionnement, défini par le règlement sur les transports stratégiques par chemins de fer (art. 37 à 40) et par l'instruction sur le service des étapes (art. 16 et 50 et annexes 1 et 4), est rglé par une notice spéciale faisant partie du dossier de la commission de gare (art. 9);

4° Des gares régulatrices ; leur fonctionnement est réglé par le règlement sur les transports stratégiques par chemins de fer (art. 24) et l'instruction sur le service des étapes (annexe 11);

5° Des gares têtes d'étapes de guerre ; leur fonctionnement est défini par le règlement sur les transports stratégiques par chemin de fer (art. 47 à 53 et 64) et réglé par l'instruction sur le service des étapes ;

6° Des stations de transition ; leur fonctionnement est défini par le règlement sur les transports stratégiques par chemins de fer (art. 6 et 62);

7° Des infirmeries de gare ; leur fonctionnement est défini par une instruction ministérielle spéciale ;

8° Des points de répartition des malades et blessés ; leur fonctionnement est défini par le règlement sur les transports stratégiques par chemins de fer (art. 65).

Dans toutes ces commissions, le rôle du commissaire militaire consiste :

A servir d'intermédiaire entre le commandant d'armes ou d'étapes, les représentants des différents services et le chef de gare ;

A veiller à ce que l'ordre règne dans les réceptions et les expéditions et à ce que ces dernières se fassent sans perte de temps ;

A demander, d'accord avec le commissaire technique, à la commission ou sous-commission de réseau, les modifications aux transports que les circonstances exigeraient.

CHAPITRE IV.

DISPOSITIONS GÉNÉRALES.

Art. 42. L'appendice VII aux règlements sur les transports militaires par chemins de fer, concernant les commissions et les commandements de gare, du 25 avril 1890 est abrogé.

Paris, le 30 juin 1900.

Le Ministre de la guerre,
Général L. ANDRÉ.

TABLEAU A.

Composition des commissions de gare.

DÉSIGNATION du PERSONNEL	GARES DE MOBILISATION bifurcation ET EMBARQUEMENT.	GARES DE RASSEMBLEMENT.	HALTES-REPAS.	INFIRMERIES DE GARE.	STATIONS-MAGASINS.	GARES RÉGULATRICES.	TÊTES D'ÉTAPES DE GUERRE.	STATIONS DE TRANSITION.	GARE DE DÉBARQUEMENT.	OBSER-VATIONS.
Commissaire militaire. { Officier supérieur...........	»	1	1	»	1 (a)	»	Composition variable réglée par la commission régulatrice.	»	Composition variable réglée au moment du besoin par l'autorité déléguée à cet effet par la commission de réseau.	NOTA. — La composition des commissions peut être renforcée s'il y a lieu, par ordre du Ministre ou du Directeur des chemins de fer aux armées. (Art. 4 de la présente instruction.) (a) Autant que possible du grade de colonel ou de lieutenant-colonel. (b) Du grade de capitaine.
Officiers supérieurs ou capitaine.....	1	»	»	1	»	1 (b)		1		
Adjoints : Officiers supérieurs ou subalternes.................	1	1	1	1	2	2		1		
Commissaire technique	1	1	1	1	1	1		1		
Secrétaires...........	1	1	1	1	1	2		1		
Plantons	3	2	2	2	2	3		2		

La composition du personnel des différents services détaché dans ces gares est fixée par de instructions ministérielles spéciales.

COMMISSION DE GARE DE

MODÈLE B.

Journal d'opérations.

PERSONNEL.				
COMPOSITION. 1	(A) 2	GRADES. 3	Corps de l'armée active ou territoriale. 4	OBSERVATIONS. 5
1° Personnel de la commission :				
Commissaire militaire...........				
Commissaire technique.........				
Commissaires{...................				
militaires }...................				
adjoints (.........,.........				
Secrétaires....................				
Plantons....'.................				
Poste de police...............				
2° Personnels des services particuliers détaches dans la gare.				
a) SERVICES ADMINISTRATIFS.				
Sous-intendant.................				
Officiers d'administration des subsistances....................				
Officiers d'administration de l'habillement....................				
Officiers d'administration des bureaux.....................				
Hommes de troupe.............				
Hommes des services auxiliaires.				
b) SERVICE DE SANTÉ.				
Personnel militaire. { Médecins..........				
Officiers d'administration..........				
Hommes de troupe.				
Personnel de la Société de secours aux blessés. { Médecins }.........				
Comptables........				
Infirmiers..........				
c) ARTILLERIE.				
Officiers.....................				
Gardes d'artillerie.............				
Hommes de troupe.............				
d) GÉNIE.				
Officiers.....................				
Adjoints.....................				
Hommes de troupe...........				

(A) Dans la colonne (2) porter *nominativement* les officiers ou assimiles, le commissaire technique ainsi que les médecins de la Société de secours aux blessés et *numériquement* les hommes de troupe ainsi que les comptables et infirmiers de la Société de secours aux blessés.

TABLEAU C.

Règlements et imprimés faisant partie des dossiers des commissions de gare dont le siège est fixé dès le temps de paix.

	1° RÈGLEMENTS ET INSTRUCTIONS.				2° TITRES ET IMPRIMÉS.						OBSERVATIONS.
	Règlement sur le service des places.	Règlement sur le service de santé en temps de guerre.	Instruction sur le service des étapes.	Instruction ministérielle concernant les officiers d'approvisionnement.	Ordres de transport.	Carnet d'ordres de réquisition.	Carnet de reçus.	Collections (b) d'imprimés et modèles relatifs à l'administration des secrétaires et plantons.	Autorisation de départ.	Journal d'opérations.	
Toutes les commissons.....	1	»	»	»	(a) N	»	»	1	»	(a) 1 à 3	(a) Nombre variable suivant la durée du fonctionnement de la commission.
A ajouter pour :											
Les commissions établies dans des localités n'ayant pas de garnison..........	»	»	»	1	»	1	1	»	50 à 200	»	(b) Collection constituée pour chaque commission de gare, d'après les conditions locales, par la commission ou sous-commission de réseau.
Les stations-magasins	»	1	1	»	»	»	»	»	»	»	
Les gares régulatrices	»⁻	1	1	»	»	»	»	»	»	»	

NOTA. — Les réglements sur les transports ordinaires et stratégiques par chemins de fer, ainsi que les instructions annexées auxdits réglements, sont en tout temps entre les mains du chef de gare.

Paris et Limoges. — Imprimerie militaire Henri CHARLES-LAVAUZELLE.

Paris et Limoges. — Imprimerie militaire Henri CHARLES-LAVAUZELLE.